The Magical Moose of Masuria: Short Stories in Polish for Children

Artici Bilingual Books

Published by Artici Bilingual Books, 2024.

While every precaution has been taken in the preparation of this book, the publisher assumes no responsibility for errors or omissions, or for damages resulting from the use of the information contained herein.

THE MAGICAL MOOSE OF MASURIA: SHORT STORIES IN POLISH FOR CHILDREN

First edition. April 12, 2024.

ISBN: 979-8224352555

Written by Artici Bilingual Books.

Table of Contents

Czarujące Przygody Wojtka Dzięcioła

W przytulnej wiosce schowanej w bujnych lasach Polski mieszkał ciekawy młody dzięcioł o imieniu Wojtek. Wojtek nie był jak inni dzięcioły w wiosce. Podczas gdy jego przyjaciele spędzali dni tukając w pnie drzew i szukając owadów, Wojtek pragnął przygód i ekscytujących doznań poza granicami lasu.

Pewnego słonecznego poranka, gdy promienie słońca przenikały przez gęsty daszek nad lasem, Wojtek poczuł pobudzenie w swoim sercu. Z iskrą w oku i trzepotaniem skrzydeł postanowił wyruszyć na wielką przygodę. Opuściwszy swoje przytulne gniazdo, rozpostarł skrzydła i wzbił się w szerokie niebieskie niebo, dziób skierowany w stronę horyzontu.

Latając nad rozległymi lasami i malowniczymi łąkami Polski, Wojtek podziwiał piękno swojej ojczyzny. Słuchał ćwierkania ptaków i szelestu liści, czując, jak w nim rośnie ekscytacja z każdą mijającą chwilą.

Jednakże, gdy Wojtek oddalał się dalej od domu, nie mógł się pozbyć uczucia, że czeka go coś niezwykłego. Pomimo piękna okolicznej przyrody i życzliwych twarzy, które spotykał po drodze, pragnął przygody, która zabierze go na krańce ziemi.

Wtedy Wojtek natknął się na urokliwą wioskę ukrytą u stóp góry. Wioska tętniła życiem, gdy mieszkańcy wykonywali codzienne obowiązki, a dzieci bawiły się na brukowanych uliczkach. Wojtek wylądował na pobliskim dachu i obserwował tętniącą życiem scenę poniżej.

Wśród dzieci bawiących się na placu wioski, Wojtek zauważył młodą dziewczynkę o imieniu Ania. Ania była zupełnie inna niż inne dzieci, jakie kiedykolwiek widział Wojtek. Miała błysk w oku i psotny uśmiech, który od pierwszego spojrzenia urzekł Wojtka.

Zdecydowany dołączyć do zabawy, Wojtek zniżając lot, wylądował na placu wioski z trzepotem skrzydeł. Dzieci westchnęły z zachwytu na widok kolorowego dzięcioła, a oczy Ani zaiskrzyły się ekscytacją.

"Wow, patrzcie na tego pięknego ptaka!" zawołała Ania, jej głos pełen zachwytu.

Pozostałe dzieci zebrały się wokół Wojtka, ich twarze lśniły zaciekawieniem. Wyciągnęły ręce, aby pogłaskać jego pióra i podziwiać jego żywe barwy, a ich śmiech wypełnił powietrze radością.

Czując przygodowy duch Wojtka, Ania zaproponowała grę w chowanego wśród drzew otaczających wioskę. Wojtek, gotowy na zabawę, z radością zakręcił w powietrzu, jego skrzydła niosły go swobodnie przez powietrze.

Gdy Ania i pozostałe dzieci ukryły się wśród drzew, Wojtek wzbił się wysoko nad lasem, przeczesując korony drzew w poszukiwaniu jakiegokolwiek ruchu. Dzięki jego bystrym oczom i ostrym dziobie, udało mu się znaleźć ukryte dzieci po kolei, stukając swoim dziobem w pnie drzew, aby ujawnić ich kryjówki.

Jednak gdy Wojtek był już blisko odkrycia ostatniego ukrytego dziecka, usłyszał wołanie o pomoc dochodzące z obrzeży lasu. Bez wahania pofrunął w stronę dźwięku, jego serce biło mocniej z determinacją.

Tam znalazł młodego lisa uwięzionego w sieci łowcy, jego futro splątane, a oczy pełne strachu. Szybko działając, Wojtek użył ostrego dzioba, by przeciąć liny sieci, uwolniwszy lisa z niewoli.

"Dziękuję, miły dzięciole!" zawołał lis, jego głos wypełniony wdzięcznością.

Wojtek uśmiechnął się serdecznie do lisa i patrzył, jak ten oddala się w głąb lasu, wolny. Z poczuciem spełnienia w sercu, Wojtek wrócił na plac wioski, gdzie Ania i pozostałe dzieci czekały na niego otwartymi ramionami.

"Wow, Wojtek! Jesteś bohaterem!" wykrzyknęła Ania, jej oczy lśniły z podziwu.

Pozostałe dzieci wiwatowały i klaskały, ich śmiech rozbrzmiewał na placu wioski. I gdy słońce zaczęło zachodzić za górami, Wojtek wiedział, że znalazł swoje miejsce w świecie, otoczony miłością, radością i ciepłem przyjaźni.

Od tego dnia Wojtek i Ania stali się najlepszymi przyjaciółmi, ruszając na liczne przygody w lasach i na łąkach Polski. I chociaż mogli być niespodziewaną parą, udowodnili, że dzięki odwadze, życzliwości i odrobinie magii, wszystko jest możliwe.

The Enchanting Adventures of Wojtek the Woodpecker

In a cozy little village nestled within the lush forests of Poland, there lived a curious young woodpecker named Wojtek. Wojtek was not like the other woodpeckers in the village. While his friends spent their days pecking away at tree trunks and searching for insects, Wojtek yearned for adventure and excitement beyond the confines of the forest.

One sunny morning, as the rays of the sun filtered through the dense canopy above, Wojtek felt a stirring in his heart. With a twinkle in his eye and a flutter of his wings, he decided it was time to set off on a grand adventure. Leaving his cozy nest behind, he spread his wings and soared into the wide blue sky, his beak pointed towards the horizon.

As he flew over the sprawling forests and picturesque meadows of Poland, Wojtek marveled at the beauty of his homeland. He listened to the chirping of birds and the rustling of leaves, feeling a sense of excitement building within him with each passing moment.

But as Wojtek ventured further from home, he couldn't shake the feeling that something extraordinary awaited him. Despite the beauty of the countryside and the friendly faces he encountered along the way, he longed for an adventure that would take him to the farthest reaches of the land.

It was then that Wojtek stumbled upon a quaint little village nestled at the foot of a towering mountain. The village was alive with activity, as villagers went about their daily routines and children played in the cobblestone streets. Intrigued, Wojtek landed on a nearby rooftop and observed the bustling scene below.

Amongst the children playing in the village square, Wojtek noticed a young girl named Ania. Ania was unlike any child Wojtek had ever seen.

She had a sparkle in her eye and a mischievous grin that captivated Wojtek from the moment he laid eyes on her.

Determined to join in the fun, Wojtek swooped down from his perch and landed in the village square with a flutter of his wings. The children gasped in amazement at the sight of the colorful woodpecker, and Ania's eyes lit up with excitement.

"Wow, look at that beautiful bird!" exclaimed Ania, her voice filled with wonder.

The other children gathered around Wojtek, their faces alight with curiosity. They reached out to stroke his feathers and admire his vibrant plumage, their laughter filling the air with joy.

Sensing Wojtek's adventurous spirit, Ania suggested they play a game of hide-and-seek amongst the trees surrounding the village. Eager to join in the fun, Wojtek chirped with delight and took to the skies, his wings carrying him effortlessly through the air.

As Ania and the other children hid amongst the trees, Wojtek soared high above the forest, scanning the canopy below for any sign of movement. With his keen eyesight and sharp beak, he spotted the hidden children one by one, tapping on the tree trunks with his beak to reveal their hiding places.

But just as Wojtek was about to find the last hidden child, he heard a cry for help coming from the edge of the forest. Without hesitation, Wojtek flew towards the sound, his heart pounding with determination.

There, he found a young fox trapped in a hunter's net, its fur tangled and its eyes filled with fear. Acting quickly, Wojtek used his sharp beak to cut through the ropes of the net, freeing the fox from its captivity.

"Thank you, kind woodpecker!" exclaimed the fox, its voice filled with gratitude.

Wojtek smiled warmly at the fox and watched as it scampered off into the forest, free at last. With a sense of satisfaction filling his heart, Wojtek returned to the village square, where Ania and the other children were waiting for him with open arms.

"Wow, Wojtek! You're a hero!" exclaimed Ania, her eyes shining with admiration.

The other children cheered and clapped, their laughter echoing through the village square. And as the sun began to set behind the mountains, Wojtek knew that he had found his place in the world, surrounded by love, laughter, and the warmth of friendship.

From that day on, Wojtek and Ania became the best of friends, embarking on countless adventures together in the forests and meadows of Poland. And though they may have been an unlikely pair, they proved that with courage, kindness, and a little bit of magic, anything is possible.

Magiczny Łoś Mazurski

W czarującej krainie Mazurii, gdzie jeziora błyszczały jak klejnoty, a lasy szeptały tajemnice przeszłości, mieszkał magiczny łoś o imieniu Mikołaj. Mikołaj nie był jak inni łosie w regionie. Podczas gdy jego towarzysze spędzali dni pasąc się na łąkach lub pluszcząc w krystalicznie czystych wodach, Mikołaj pociągały tajemnice lasu i cuda ukryte w jego wnętrzu.

Jednego jasnego poranka, gdy słońce rzucało złoty blask na spokojny krajobraz, Mikołaj poczuł wzburzenie w swoim sercu. Z poczuciem przygody kipiącym w nim, wyruszył ze swojego spokojnego zagajnika głęboko w lesie, swoje rogi trzymając dumnie wysoko.

Gdy wędrował przez gęstą roślinność i meandrujące ścieżki, Mikołaj podziwiał piękno otaczającego go krajobrazu. Słuchał delikatnego szelestu liści i łagodnych szmerów wiatru, czując głębokie połączenie z ziemią wokół niego.

Ale gdy Mikołaj zagłębiał się coraz głębiej w serce lasu, nie mógł pozbyć się uczucia, że coś nadzwyczajnego czeka na niego. Pomimo spokoju otoczenia, tęsknił za przygodą, która rozbudziłaby jego zmysły i napełniła duszę zdumieniem.

To właśnie wtedy Mikołaj natknął się na polanę oświetloną złotym światłem. W centrum polany stał majestatyczny jeleń, jego futro błyszczało jak srebro w świetle słonecznym. Zaintrygowany, Mikołaj zbliżył się ostrożnie do jelenia, jego ciekawość została pobudzona.

"Witaj, młody jeże" zagłuszył jeleń, jego głos był głęboki i rezonujący. "Co cię tu przynosi?"

Mikołaj skłonił głowę z szacunkiem, jego oczy były szeroko otwarte ze zdumienia. "Szukam przygód i odkryć" odpowiedział szczerym tonem. "Chcę odkryć cuda lasu i odkryć jego ukryte tajemnice."

Jeleń skinął z wyrozumiałością, jego oczy błyszczały starożytną mądrością. "Wtedy trafiłeś w odpowiednie miejsce, młody. Ponieważ las jest pełen magii i cudów, czekających na odkrycie przez tych, którzy posiadają odwagę, by ich szukać."

Z poczuciem celu płonącym w nim, Mikołaj wyruszył w głąb lasu, jego serce tryskało ekscytacją. Przemierzał ciche potoki i starożytne gaje, jego kopyta niósł go coraz głębiej w głąb dzikiej przyrody.

Podczas podróży przez las, Mikołaj spotkał całe mnóstwo istot, każda bardziej cudowna od poprzedniej. Poznał mądre stare sowy, które opowiadały opowieści o minionych dniach, figlarnych lisów, które z gracją i zwinnością prześlizgiwały się przez zarośla, i łagodne jelenie, które spokojnie pasły się na łąkach.

Ale to spotkanie z psotnym zającem zmieniło życie Mikołaja na zawsze. Zając, o imieniu Hanna, był inny niż jakiekolwiek stworzenie, jakie kiedykolwiek spotkał Mikołaj. Miała ona nieskończoną energię i zabawnego ducha, który uwodził Mikołaja od momentu ich spotkania.

Razem, Mikołaj i Hanna wyruszyli w szereg przygód, które zaprowadziły ich do najdalszych zakątków lasu. Wspinali się na wysokie drzewa, ścigali się przez zarośla oświetlone słońcem, i pływali w chłodnych wodach ukrytych jezior.

Ale to podczas jednej szczególnie odważnej ucieczki, Mikołaj odkrył prawdziwy zakres swoich magicznych zdolności. Podczas gdy eksplorowali ukryty gaj głęboko w lesie, Mikołaj natrafił na połyskującą kałużę wody, jej powierzchnia odbijająca koronę drzewa powyżej ze zdumiewającą klarownością.

Zaintrygowany, Mikołaj zanurzył kopyto w wodzie, i ku jego zdumieniu, poczuł przypływ mocy przepływający przez niego. Z poczuciem zdumienia, zdał sobie sprawę, że posiada zdolność do przemiany w dowolne stworzenie, dar nadany mu przez magię lasu.

Z Hanną u swojego boku, Mikołaj przyjął swoje nowo odkryte moce i wyruszył na jeszcze bardziej odważne przygody. Razem przemierzali niebiosa jako majestatyczne orły, pływali pod falami jako zabawne delfiny, i wędrowali po dnie lasu jako zwinne lisy.

Ale bez względu na to, dokąd ich przygody ich zaprowadziły, Mikołaj i Hanna zawsze wracali na polanę, gdzie po raz pierwszy spotkali mądrego starego jelenia. I patrząc w górę na gwiaździste niebo, wiedzieli, że znaleźli swoje prawdziwe miejsce w sercu magicznego lasu.

Dla Mikołaja, magicznego łosia z Mazurii, i Hanny, żywiołowego zająca, odkrycie największej przygody polegało na podróży przyjaźni i odkrywania, którą dzielili razem. I gdy wyruszali na niezliczone kolejne przygody w zaklętym lesie, wiedzieli, że ich więź przetrwa na wieki.

The Magical Moose of Masuria

In the enchanting region of Masuria, where the lakes sparkled like jewels and the forests whispered secrets of old, there lived a magical moose named Mikołaj. Mikołaj was not like the other moose in the region. While his companions spent their days grazing in the meadows or splashing in the crystal-clear waters, Mikołaj was drawn to the mysteries of the forest and the wonders that lay hidden within.

One bright morning, as the sun cast a golden hue over the tranquil landscape, Mikołaj felt a stirring within his heart. With a sense of adventure bubbling inside him, he set off from his peaceful grove deep within the forest, his antlers held high with determination.

As he roamed through the dense foliage and meandering trails, Mikołaj marveled at the beauty of his surroundings. He listened to the gentle rustle of leaves and the soft murmurs of the breeze, feeling a deep connection to the land around him.

But as Mikołaj delved deeper into the heart of the forest, he couldn't shake the feeling that something extraordinary awaited him. Despite the serenity of his surroundings, he longed for an adventure that would ignite his senses and fill his soul with wonder.

It was then that Mikołaj stumbled upon a clearing bathed in golden light. In the center of the clearing stood a majestic stag, his coat shimmering like silver in the sunlight. Intrigued, Mikołaj approached the stag cautiously, his curiosity piqued.

"Greetings, young moose," boomed the stag, his voice deep and resonant. "What brings you to this sacred place?"

Mikołaj bowed his head respectfully, his eyes wide with awe. "I seek adventure and discovery," he replied earnestly. "I wish to explore the wonders of the forest and uncover its hidden mysteries."

The stag nodded knowingly, his eyes twinkling with ancient wisdom. "Then you have come to the right place, young one. For the forest is filled with magic and wonder, waiting to be discovered by those who possess the courage to seek it."

With a sense of purpose burning within him, Mikołaj set off into the depths of the forest, his heart brimming with excitement. He traversed babbling brooks and ancient groves, his hooves carrying him ever deeper into the heart of the wilderness.

As he journeyed through the forest, Mikołaj encountered a host of creatures, each more wondrous than the last. He met wise old owls who shared tales of days gone by, playful foxes who darted through the underbrush with grace and agility, and gentle deer who grazed peacefully in the meadows.

But it was the encounter with a mischievous hare that would change Mikołaj's life forever. The hare, named Hanna, was unlike any creature Mikołaj had ever met. She possessed a boundless energy and a playful spirit that captivated Mikołaj from the moment they met.

Together, Mikołaj and Hanna embarked on a series of adventures that took them to the farthest reaches of the forest. They climbed towering trees, raced through sun-dappled glades, and swam in the cool waters of hidden lakes.

But it was during one particularly daring escapade that Mikołaj discovered the true extent of his magical abilities. As they explored a secluded grove deep within the forest, Mikołaj stumbled upon a shimmering pool of water, its surface reflecting the canopy above with startling clarity.

Intrigued, Mikołaj dipped his hoof into the water, and to his amazement, he felt a surge of power coursing through him. With a sense of wonderment, he realized that he possessed the ability to shape-shift into any creature he desired, a gift bestowed upon him by the magic of the forest.

With Hanna by his side, Mikołaj embraced his newfound powers and set off on even more daring adventures. Together, they soared through the sky as majestic eagles, swam beneath the waves as playful dolphins, and roamed the forest floor as nimble foxes.

But no matter where their adventures took them, Mikołaj and Hanna always returned to the clearing where they had first met the wise old stag. And as they gazed up at the starry sky above, they knew that they had found their true home in the heart of the magical forest.

For Mikołaj, the magical moose of Masuria, and Hanna, the spirited hare, had discovered that the greatest adventure of all was the journey of friendship and discovery that they shared together. And as they embarked on countless more adventures in the enchanted forest, they knew that their bond would endure for eternity.

Niezwykła Opowieść o Mateuszu i Rozmawiającym Drzewie

W urokliwej polskiej wiosce położonej między pagórkami i krętymi rzekami mieszkał pewien młody chłopiec o imieniu Mateusz. Mateusz był duszą ciekawą, zawsze gotową, by odkrywać świat wokół siebie. Podczas gdy inne dzieci bawiły się w placu wioski, Mateusz wolniej wędrował przez pobliski las, gdzie starożytne drzewa szeptały tajemnice na wietrze.

Pewnego słonecznego poranka, Mateusz wyruszył na jedną ze swoich przygód. Uzbrojony jedynie w swoją wyobraźnię i poczucie zdumienia, zanurzył się w serce lasu. Drzewa wznosiły się nad nim, ich gałęzie sięgały ku niebu jak wyciągnięte ramiona.

W miarę jak głębiej zapuszczał się w las, Mateusz natknął się na polanę oświetloną złocistym słońcem. W centrum polany stał majestatyczny dąb, jego pień pomarszczony, a gałęzie rozciągnięte szeroko.

Mateusz podszedł do drzewa z poczuciem podziwu, zdumiony jego imponującym rozmiarem i pięknem. Gdy sięgnął, by dotknąć jego szorstkiej kory, usłyszał delikatny głos wydobywający się z drzewa.

"Witaj, młody podróżniku," powiedział głos, łagodny i melodyjny.

Zaskoczony, Mateusz rozejrzał się, ale nie widział nikogo w pobliżu. "Kto to powiedział?" zapytał, jego oczy szeroko otwarte z ciekawości.

"To ja," odpowiedział głos. "Jestem duchem tego starożytnego dębu, i od wieków czuwam nad tym lasem."

Mateusz mrugnął ze zdumienia. Słyszał opowieści o rozmawiających drzewach, ale nigdy nie wyobrażał sobie, że sam na takie natknie się.

"Jesteś magicznym drzewem?" zapytał, jego głos ledwo wydobywał się powyżej szeptu.

Drzewo lekko zaśmiało się. "W pewnym sensie, tak. Posiadam starożytne mądrości i wiedzę o lesie, i jestem tu, by prowadzić i chronić tych, którzy szukają mojej rady."

Zaintrygowany, Mateusz usiadł u podnóża drzewa i wysłuchał, jak opowiadało historie o lesie—opowieści o dzielnych rycerzach i szlachetnych stworzeniach, o magicznych istotach i ukrytych skarbach.

W miarę jak dzień mijał, Mateusz i rozmawiające drzewo stali się szybkimi przyjaciółmi. Razem eksplorowali las, odkrywając ukryte polany i sekretne ścieżki. Śmiali się i rozmawiali, dzieląc się swoimi nadziejami i marzeniami.

Ale gdy słońce zaczęło zachodzić i cienie stawały się dłuższe, Mateusz wiedział, że czas wracać do domu. Z ciężkim sercem pożegnał się z rozmawiającym drzewem i obiecał, że niedługo znów się odwiedzi.

W drodze powrotnej do wioski, Mateusz nie mógł przestać myśleć o swoim niezwykłym spotkaniu. Nie mógł się doczekać, by podzielić się swoją opowieścią z przyjaciółmi i rodziną.

Następnego dnia Mateusz wrócił do lasu, by odwiedzić swojego nowego przyjaciela. Gdy jednak dotarł do polany, gdzie stało rozmawiające drzewo, zastał je otoczone grupą wioski, ich twarze pełne troski.

"Co się stało?" zapytał Mateusz, jego serce waliło ze strachu.

"To drzewo," wyjaśnił jeden z mieszkańców. "Umiera. Nie wiemy, co zrobić."

Mateusz poczuł ukłucie smutku na myśl o utracie przyjaciela. Bez wahania podeszłł do drzewa i położył rękę na jego pniu, czując, jak z niego opada życiodajna energia.

"Czy jest coś, co możemy zrobić, by cię uratować?" zapytał, jego głos drżał z emocji.

Drzewo westchnęło cicho. "Istnieje jedna rzecz—magiczne nasienie, które może przywrócić moją siłę i witalność. Ale jest ono ukryte głęboko w lesie, chronione przez potężne zaklęcia."

Mateusz wiedział, co musi zrobić. Z pomocą swoich przyjaciół i pod opieką rozmawiającego drzewa, wyruszył na poszukiwanie magicznego nasienia.

Razem stawiali czoła podstępnym ścieżkom i groźnym stworzeniom, pokonując każdą przeszkodę na swojej drodze. W trakcie podróży Mateusz odkrył odwagę, której nigdy wcześniej nie znał, a więzy przyjaźni stawały się silniejsze z każdym krokiem, jaki stawiali.

Wreszcie, po wielu próbach i trudnościach, dotarli do serca lasu, gdzie magiczne nasienie było ukryte pod kołderką opadłych liści.

Z poczuciem determinacji w sercu, Mateusz zebrał nasienie i posadził je w ziemi u podstawy rozmawiającego drzewa. Podlewał je łzami nadziei, czując przypływ energii w drzewie, którego gałęzie znów sięgały ku niebu.

Ze szelestem liści i westchnieniem ulgi rozmawiające drzewo otworzyło oczy i uśmiechnęło się do Mateusza.

"Dziękuję, mój przyjacielu," powiedziało, jego głos pełen wdzięczności. "Dzięki tobie odzyskałem zdrowie, a las znów jest bezpieczny."

Mateusz promieniował dumą, wiedząc, że pomógł uratować swojego przyjaciela i chronić piękno lasu na wieki.

The Curious Tale of Mateusz and the Talking Tree

In a charming Polish village nestled between rolling hills and winding rivers, there lived a young boy named Mateusz. Mateusz was a curious soul, always eager to explore the world around him. While other children played games in the village square, Mateusz preferred to wander through the nearby forest, where ancient trees whispered secrets in the breeze.

One sunny morning, Mateusz set out on one of his adventures. Armed with nothing but his imagination and a sense of wonder, he ventured into the heart of the forest. The trees towered above him, their branches reaching towards the sky like outstretched arms.

As he wandered deeper into the woods, Mateusz stumbled upon a clearing bathed in golden sunlight. At the center of the clearing stood a majestic oak tree, its trunk gnarled and its branches stretching wide.

Mateusz approached the tree with a sense of awe, marveling at its sheer size and beauty. As he reached out to touch its rough bark, he heard a soft voice emanating from the tree.

"Hello there, young traveler," said the voice, gentle and melodious.

Startled, Mateusz looked around but saw no one nearby. "Who said that?" he asked, his eyes wide with curiosity.

"I did," replied the voice. "I am the spirit of this ancient oak tree, and I have been watching over this forest for centuries."

Mateusz blinked in astonishment. He had heard tales of talking trees, but he had never imagined he would encounter one himself.

"Are you a magic tree?" he asked, his voice barely above a whisper.

The tree chuckled softly. "In a way, yes. I possess ancient wisdom and knowledge of the forest, and I am here to guide and protect those who seek my counsel."

Intrigued, Mateusz sat down at the base of the tree and listened as it shared stories of the forest—tales of brave knights and noble creatures, of magical beings and hidden treasures.

As the day wore on, Mateusz and the talking tree became fast friends. They explored the forest together, discovering hidden glades and secret pathways. They laughed and talked, sharing their hopes and dreams with one another.

But as the sun began to set and the shadows grew long, Mateusz knew it was time to return home. With a heavy heart, he bid farewell to the talking tree and promised to visit again soon.

As he made his way back to the village, Mateusz couldn't stop thinking about his extraordinary encounter. He couldn't wait to share his tale with his friends and family.

The next day, Mateusz returned to the forest to visit his new friend. But when he reached the clearing where the talking tree stood, he found it surrounded by a group of villagers, their faces filled with concern.

"What's wrong?" Mateusz asked, his heart pounding with fear.

"It's the tree," explained one of the villagers. "It's dying. We don't know what to do."

Mateusz felt a pang of sadness at the thought of losing his friend. Without hesitation, he approached the tree and placed his hand on its trunk, feeling the life force within it fading.

"Is there anything we can do to save you?" he asked, his voice trembling with emotion.

The tree sighed softly. "There is one thing—a magical seed that can restore my strength and vitality. But it is hidden deep within the forest, guarded by powerful enchantments."

Mateusz knew what he had to do. With the help of his friends and the guidance of the talking tree, he set out on a quest to find the magical seed.

Together, they braved treacherous paths and faced fierce creatures, overcoming every obstacle in their path. Along the way, Mateusz discovered courage he never knew he had, and the bonds of friendship grew stronger with each step they took.

Finally, after many trials and tribulations, they reached the heart of the forest, where the magical seed lay hidden beneath a blanket of fallen leaves.

With a sense of determination burning in his heart, Mateusz retrieved the seed and planted it in the soil at the base of the talking tree. As he watered it with tears of hope, he felt a surge of energy coursing through the tree, its branches stretching towards the sky once more.

With a rustle of leaves and a sigh of relief, the talking tree opened its eyes and smiled at Mateusz.

"Thank you, my friend," it said, its voice filled with gratitude. "Thanks to you, I am restored to health, and the forest is safe once more."

Mateusz beamed with pride, knowing that he had helped save his friend and protect the beauty of the forest for generations to come.

Wędrujący Jeż z Wrocławia

W urokliwym mieście Wrocław, gdzie brukowane uliczki rozbrzmiewały śmiechem dzieci, a zapach świeżo pieczonego chleba unosił się w powietrzu, mieszkał ciekawy mały jeż o imieniu Wojtek. Wojtek nie był jak inni jeże w mieście. Podczas gdy jego jeżowe towarzyszki spędzały dni skulone w przytulnych norach lub przekopując się po lesie w poszukiwaniu owadów, Wojtek tęsknił za przygodą i odkryciami.

Pewnego chłodnego jesiennego poranka, gdy liście szumiały pod stopami, a złote promienie słońca przebijały się przez drzewa, Wojtek postanowił, że nadszedł czas na wielką przygodę. Z błyskiem w oku i skokiem w kroku wyruszył z nory na obrzeżach Wrocławia, jego kolce trzęsły się z ekscytacji.

Podczas wędrówki krętymi uliczkami miasta Wojtek podziwiał kolorowe budynki i ruchliwe place targowe. Zatrzymywał się, by wąchać pachnące kwiaty ozdabiające parapety i słuchać radosnego gwaru miejscowych, gdy spełniali swoje codzienne obowiązki.

Ale gdy Wojtek wędrował coraz głębiej w serce Wrocławia, nie mógł pozbyć się uczucia, że czegoś mu brakuje. Pomimo żywego atmosfery i życzliwych twarzy, nie mógł oprzeć się tęsknocie za czymś więcej.

Wtedy Wojtek natknął się na grupę dzieci bawiących się w pobliskim parku. Ich śmiech rozbrzmiewał jak muzyka, a radosna energia wypełniała powietrze ekscytacją. Zaintrygowany, Wojtek zbliżył się ostrożnie do dzieci, jego kolce drżały z ciekawości.

"Cześć, mały jeżu!" wykrzyknęła dziewczynka z warkoczami, jej oczy błyszczały z zachwytu. "Jak masz na imię?"

Wojtek mrugnął zaskoczony, nieprzyzwyczajony do tego, że zwraca się do niego ludzie. "N-nazywam się Wojtek," odpowiedział niepewnie, jego głos ledwo słyszalny.

Dzieci zaśmiały się z nieśmiałości Wojtka, ale szybko przyjęły go do swojej grupy. Pokazały mu, jak się bawić i gonić motyle, i wkrótce Wojtek śmiał się i szaleństwował razem z nimi, zapominając o swoich troskach.

Gdy dzień zmienił się w zmierzch, a gwiazdy zaczęły migotać na niebie, dzieci z żalem pożegnały się z Wojtkiem i wróciły do domu. Ale serce Wojtka było pełne radości, wiedział, że znalazł coś naprawdę wyjątkowego w towarzystwie nowych przyjaciół.

Zdecydowany, by odwdzięczyć się za ich życzliwość, Wojtek postanowił wyruszyć w podróż, by znaleźć idealny prezent dla każdego z dzieci. Przeszukał miasto wzdłuż i wszerz, eksplorując każdy zakamarek w poszukiwaniu skarbów, które mógłby przynieść swoim przyjaciołom.

Znalazł lśniący kamyczek dla dziewczynki z warkoczy, pachnący kwiat dla chłopca z piegami, i kolorowe pióro dla dziecka z okularami. Za każdym razem, gdy znajdował prezent, serce Wojtka pęczniało z radości, wiedząc, że przynosi radość tym, których kocha.

Wreszcie, po wielu dniach poszukiwań, Wojtek wrócił do parku z rękami pełnymi prezentów. Oczy dzieci świeciły się z zachwytu, gdy przedstawił im swoje niespodzianki, i pisnęły z radości, podziwiając swoje nowe skarby.

Ale największym prezentem był przyjaźń, która rozkwitła między Wojtkiem a dziećmi z Wrocławia. Razem śmiali się i bawili, eksplorując każdy zakątek miasta i tworząc wspomnienia, które przetrwają całe życie.

I gdy patrzyli, jak słońce zachodzi za dachami Wrocławia, Wojtek wiedział, że znalazł swoje miejsce na świecie, otoczony miłością, śmiechem i ciepłem przyjaźni.

The Wandering Hedgehog of Wroclaw

In the charming city of Wroclaw, where the cobblestone streets echoed with the laughter of children and the scent of freshly baked bread wafted through the air, there lived a curious little hedgehog named Wojtek. Wojtek was not like the other hedgehogs in the city. While his hedgehog companions spent their days curled up in cozy burrows or snuffling for insects in the forest, Wojtek yearned for adventure and discovery.

One crisp autumn morning, as the leaves rustled underfoot and the golden sun peeked through the trees, Wojtek decided it was time for a grand adventure. With a twinkle in his eye and a skip in his step, he set off from his burrow on the outskirts of Wroclaw, his quills bristling with excitement.

As he ambled through the winding streets of the city, Wojtek marveled at the colorful buildings and bustling market squares. He paused to sniff the fragrant flowers that adorned the windowsills and listened to the cheerful chatter of the locals as they went about their day.

But as Wojtek wandered deeper into the heart of Wroclaw, he couldn't shake the feeling that something was missing. Despite the lively atmosphere and friendly faces, he couldn't help but long for something more.

It was then that Wojtek stumbled upon a group of children playing in a nearby park. Their laughter rang out like music, and their joyous energy filled the air with excitement. Intrigued, Wojtek approached the children cautiously, his quills twitching with curiosity.

"Hello there, little hedgehog!" exclaimed a girl with pigtails, her eyes twinkling with delight. "What's your name?"

Wojtek blinked in surprise, unused to being addressed by humans. "I-I'm Wojtek," he replied tentatively, his voice barely above a whisper.

The children giggled at Wojtek's timid demeanor, but they were quick to welcome him into their group. They showed him how to play games and chase butterflies, and soon Wojtek was laughing and frolicking alongside them, his worries forgotten.

As the day turned to dusk and the stars began to twinkle in the sky, the children reluctantly bid Wojtek farewell and headed home. But Wojtek's heart was full of joy, and he knew that he had found something truly special in the company of his new friends.

Determined to repay their kindness, Wojtek decided to embark on a quest to find the perfect gift for each of the children. He scoured the city far and wide, exploring every nook and cranny in search of treasures to bring back to his friends.

He found a shiny pebble for the girl with pigtails, a fragrant flower for the boy with freckles, and a colorful feather for the child with glasses. And for each gift he found, Wojtek felt his heart swell with happiness, knowing that he was bringing joy to those he cared about.

Finally, after many days of searching, Wojtek returned to the park with his arms full of gifts. The children's eyes lit up with delight as he presented them with their surprises, and they squealed with delight as they admired their new treasures.

But the greatest gift of all was the friendship that had blossomed between Wojtek and the children of Wroclaw. Together, they laughed and played, exploring every corner of the city and creating memories that would last a lifetime.

And as they watched the sun set behind the rooftops of Wroclaw, Wojtek knew that he had found his place in the world, surrounded by love, laughter, and the warmth of friendship.

Mikołaj i Magiczna Latarnia

W malowniczej polskiej wiosce otoczonej pagórkami i bujnymi zielonymi łąkami mieszkał młody chłopiec o imieniu Mikołaj. Mikołaj nie był zwykłym chłopcem; posiadał serce pełne ciekawości i umysł pełen wyobraźni. Podczas gdy inne dzieci w wiosce zadowalały się swoimi codziennymi rutynami, Mikołaj tęsknił za przygodą i odkryciami.

Pewnego mglistego poranka, gdy słońce starało się przebić przez chmury, a powietrze było nasycone słodkim zapachem dzikich kwiatów, Mikołaj wyruszył w podróż niepodobną do żadnej, na jaką dotąd się wybierał. Uzbrojony tylko w poczucie zdumienia i tęsknotę za nieznanym, wędrował w głąb pobliskiego lasu, jego oczy szeroko otwarte z oczekiwania.

W miarę jak zapuszczał się coraz głębiej w głąb lasu, drzewa wydawały mu się szepczeć do niego tajemnice, a delikatne szelest liści pobudzał jego ducha poszukiwacza przygód. Podążał krętą ścieżką, która zaprowadziła go na polanę oświetloną promieniami słońca, gdzie natknął się na dziwny przedmiot częściowo zakopany w ziemi—latarnię ozdobioną złożonymi wzorami i świecącą nadnaturalnym światłem.

Zaintrygowany tajemniczą aurą latarni, Mikołaj sięgnął i zdmuchnął kurz, odsłaniając jej migoczącą powierzchnię. Gdy dotknął latarni, fala ciepła ogarnęła go, a poczuł przypływ energii przepływający przez jego żyły.

Nagle latarnia zaczęła świecić jaśniej, jej światło oświetlające las wokół niego eterycznym blaskiem. Mikołaj patrzył z zachwytem, gdy smugi magii tańczyły w powietrzu, tkając złożone wzory światła i cienia.

Z poczuciem ekscytacji bulgoczącym w jego klatce piersiowej, Mikołaj mocno chwycił latarnię w dłonie i szepnął jedno słowo: "Oświeć."

Do jego zdumienia, latarnia odpowiedziała na jego polecenie, rzucając wiązkę światła, która przeszyła gęstą roślinność i odsłoniła ukrytą ścieżkę prowadzącą głębiej w las. Bez wahania Mikołaj podążył za światłem, jego serce biło z oczekiwania.

Podczas gdy wędrował dalej w zaczarowany las, Mikołaj napotykał całe mnóstwo magicznych istot—wróżki fruwające między kwiatami, mówiące zwierzęta dzielące się opowieściami starożytnej mądrości, i figlarni duchy tańczące na oświetlonych księżycem polanach.

Każde spotkanie napełniało Mikołaja poczuciem zdumienia i podziwu, a on podziwiał piękno i tajemnicę świata wokół niego. Dzięki pomocy magicznej latarni, przemierzał rozległe krajobrazy i przekraczał rwące rzeki, jego duch wzrastał z każdym nowym odkryciem.

Ale gdy dzień przechodził w noc, a gwiazdy zaczęły migotać na niebie, Mikołaj zdał sobie sprawę, że jego przygoda daleka jest od zakończenia. Z determinacją w oczach, nacisnął dalej, prowadzony delikatnym blaskiem latarni i napędzany obietnicą nieopisanych cudów, które na niego czekają.

W końcu, po co wydawało się wieczności wędrówki, Mikołaj wyszedł z głębin lasu i znalazł się na brzegu połyskującego jeziora, którego powierzchnia odbijała błyszczące barwy nocnego nieba.

W centrum jeziora stał majestatyczny zamek, jego wieże sięgające ku niebu, a ściany oświetlone światłem tysiąca gwiazd. Był to widok, który odebrał Mikołajowi mowę, i wiedział w sercu, że natrafił na coś naprawdę nadzwyczajnego.

Z determinacją w sercu, Mikołaj wszedł na małą łódkę zacumowaną na brzegu i popłynął po spokojnych wodach w kierunku zamku. Gdy wiosłował, światło latarni tańczyło po powierzchni jeziora, prowadząc go ku jego przeznaczeniu.

Gdy zbliżył się do wejścia do zamku, Mikołaj poczuł w sobie narastające poczucie oczekiwania. Wiedział, że cokolwiek czekało na niego w tych starożytnych murach, odmieni jego los na zawsze.

Wreszcie, dotarł do wielkich wrót zamku i wylądował na brzegu, światło latarni prowadząc go. Z każdym krokiem, jaki stawiał, powietrze trzeszczało od magii, a Mikołaj czuł w sercu zdumienie i ekscytację, takiej jakiej nigdy wcześniej nie doświadczył.

Wewnątrz zamku, Mikołaj odkrył świat poza swoimi najśmielszymi marzeniami—świat zaklęć i cudów, gdzie każdy korytarz skrywał nową tajemnicę, a każde pomieszczenie nową przygodę.

Przemierzał ogromne biblioteki wypełnione książkami starożytnej mądrości, wędrował po bujnych ogrodach pełnych egzotycznej flory, i spotykał całą masę magicznych istot—od mądrych starych czarodziejów po psotne chochliki.

Ale pośród przepychu i piękna zamku, Mikołaj odkrył coś jeszcze cenniejszego—poczucie przynależności i celu, jakiego nigdy wcześniej nie znał. W sercu zaklętego królestwa, znalazł przyjaciół, którzy go akceptowali takim, jakim był, i poczucie spełnienia, które napełniło go radością.

I gdy siedział pod gwiazdami, otoczony swoimi nowymi towarzyszami, Mikołaj zdał sobie sprawę, że największą przygodą zawsze jest podróż odkrywania samego siebie. Ze świecącą latarnią jako swoim przewodnikiem, będzie kontynuował eksplorację cudów świata i odkrywanie tajemnic własnego serca, wiedząc, że największe przygody dopiero przed nim.

Mikołaj and the Magic Lantern

In a quaint Polish village nestled amidst rolling hills and lush green meadows, there lived a young boy named Mikołaj. Mikołaj was no ordinary boy; he possessed a heart full of curiosity and a mind brimming with imagination. While other children in the village were content with their daily routines, Mikołaj yearned for adventure and discovery.

One misty morning, as the sun struggled to break through the clouds and the air was filled with the sweet scent of wildflowers, Mikołaj set out on a journey unlike any he had embarked upon before. Armed with nothing but a sense of wonder and a longing for the unknown, he wandered into the depths of the nearby forest, his eyes wide with anticipation.

As he ventured deeper into the woods, the trees seemed to whisper secrets to him, and the gentle rustle of leaves stirred his adventurous spirit. He followed a winding path that led him to a clearing bathed in dappled sunlight, where he stumbled upon a peculiar object half-buried in the earth—a lantern adorned with intricate patterns and glowing with an otherworldly light.

Intrigued by the lantern's mysterious aura, Mikołaj reached out and brushed away the dirt, revealing its shimmering surface. As he touched the lantern, a wave of warmth washed over him, and he felt a surge of energy coursing through his veins.

Suddenly, the lantern began to glow brighter, its light illuminating the forest around him with an ethereal glow. Mikołaj watched in awe as wisps of magic danced in the air, weaving intricate patterns of light and shadow.

With a sense of excitement bubbling in his chest, Mikołaj grasped the lantern firmly in his hands and whispered a single word: "Illuminate."

To his amazement, the lantern responded to his command, casting a beam of light that pierced through the dense foliage and revealed a hidden path leading deeper into the forest. Without hesitation, Mikołaj followed the light, his heart pounding with anticipation.

As he journeyed further into the enchanted woods, Mikołaj encountered a host of magical creatures—fairies flitting amongst the flowers, talking animals sharing tales of ancient wisdom, and playful spirits dancing in the moonlit glades.

Each encounter filled Mikołaj with a sense of wonder and awe, and he marveled at the beauty and mystery of the world around him. With the help of the magic lantern, he traversed vast landscapes and crossed rushing rivers, his spirit soaring with each new discovery.

But as the day turned to night and the stars began to twinkle in the sky, Mikołaj realized that his adventure was far from over. With a determined glint in his eye, he pressed onward, guided by the gentle glow of the lantern and fueled by the promise of untold wonders awaiting him.

Finally, after what seemed like an eternity of wandering, Mikołaj emerged from the depths of the forest and found himself standing on the shores of a shimmering lake, its surface reflecting the brilliant hues of the night sky above.

In the center of the lake stood a majestic castle, its spires reaching towards the heavens and its walls aglow with the light of a thousand stars. It was a sight that took Mikołaj's breath away, and he knew in his heart that he had stumbled upon something truly extraordinary.

With a sense of determination burning in his chest, Mikołaj stepped into a small boat moored on the shore and set out across the tranquil waters towards the castle. As he rowed, the lantern's light danced across the surface of the lake, guiding him towards his destiny.

As he drew closer to the castle, Mikołaj felt a sense of anticipation building within him. He knew that whatever awaited him within those ancient walls would shape the course of his destiny forever.

Finally, he reached the castle's grand entrance and stepped ashore, the lantern's light leading the way. With each step he took, the air crackled with magic, and Mikołaj felt a sense of wonder and excitement unlike anything he had ever experienced before.

Inside the castle, Mikołaj discovered a world beyond his wildest dreams—a realm of enchantment and wonder, where every hallway held a new mystery and every room held a new adventure.

He explored vast libraries filled with books of ancient wisdom, wandered through lush gardens teeming with exotic flora, and encountered a host of magical beings—from wise old wizards to mischievous sprites.

But amidst the splendor and beauty of the castle, Mikołaj discovered something even more precious—a sense of belonging and purpose that he had never known before. In the heart of the enchanted realm, he found friends who accepted him for who he was and a sense of fulfillment that filled him with joy.

And as he sat beneath the stars, surrounded by his newfound companions, Mikołaj realized that the greatest adventure of all was the journey of self-discovery. With the magic lantern as his guide, he would continue to explore the wonders of the world and uncover the mysteries of his own heart, knowing that the greatest adventures were yet to come.

Psotny Myszkowicz z Warszawy

W zatłoczonym mieście Warszawie, gdzie ulice brzęczały melodią ulicznych muzyków, a powietrze było nasycone zapachem świeżo upieczonych pierogów, mieszkała psotna mała mysz o imieniu Kuba. Kuba nie był jak żadna inna mysz w mieście. Podczas gdy jego mysie przyjaciele spędzali dni skubiąc okruchy i ukrywając się przed kotami, Kuba marzył o przygodach i ekscytacji.

Pewnego słonecznego ranka, gdy złote promienie słońca świeciły przez okna, Kuba wypotoczył się z przytulnej dziury w ścianie i w życie ulic Warszawy. Jego wąsy drgały z podniecenia, gdy przemykał przez ruchliwe place targowe i kolorowe zaułki, jego małe łapki ledwie dotykały ziemi.

Podczas eksploracji, Kuba natrafił na wielki pałac ukryty w sercu miasta. Jego wieże sięgały wysoko w niebo, a ściany były zdobione misternymi rzeźbami i złotymi akcentami. Ciekawy, co kryje w środku, Kuba wślizgnął się przez szczelinę w bramach pałacu i dalej na dziedziniec.

Wewnątrz pałacu, Kuba znalazł się otoczony przepychem i wspaniałością. Przechadzał się po bogato zdobionych salach balowych i majestatycznych salach, zachwycając się błyszczącymi żyrandolami i miękkimi zasłonami z aksamitu. Ale gdy zapuszczał się głębiej do pałacu, usłyszał odgłosy dochodzące z pobliskiego pomieszczenia.

Podglądając przez szparę w drzwiach, Kuba zobaczył grupę muzyków próbujących się do królewskiego koncertu. Pokój wypełniały słodkie dźwięki skrzypiec i melodyjne dźwięki fortepianu. Oczarowany muzyką, Kuba przybliżył się, jego oczy świeciły się z zachwytu.

Ale gdy właśnie miał dołączyć do występu, usłyszał głośny kaszel za sobą. Zaskoczony, Kuba odwrócił się, aby zobaczyć surowo wyglądającego lokaja patrzącego na niego.

"Stój!" wykrzyknął lokaj, jego głos rozbrzmiewał w pomieszczeniu. "Co ty tu robisz, ty rozbrykana mała myszko?"

Serce Kuby zabiło szybciej, gdy próbował wymyślić wymówkę. "Ja-ja tylko podziwiałem muzykę," jąkał się, jego wąsy drżały z nerwów.

Lokaj potrząsnął głową z dezaprobatą. "No cóż, nie masz tu nic do roboty. To jest królewski pałac, nie plac zabaw dla psotnych myszy jak ty. Teraz zmykaj, zanim spowodujesz kłopoty."

Z zawiedzionym westchnieniem Kuba z niechęcią odwrócił się i wrócił na ulice Warszawy. Podczas wędrówki przez miasto, jego głowa roiła się myślami o wielkim pałacu i pięknej muzyce, którą słyszał w środku.

Zdecydowany udowodnić swoją wartość, Kuba postanowił wykorzystać swoją psotną naturę dobrej sprawie. Spędził kolejne dni zbierając kawałki papieru i kawałki materiału z ulic, używając ich do tworzenia skomplikowanych kostiumów i przebrań.

Uzbrojony w swoje nowe kreacje, Kuba wrócił do pałacu pod osłoną nocy. Z psotnym uśmiechem przemknął obok śpiących strażników i dostał się do wielkiej sali balowej, gdzie wkrótce miały odbyć się koncerty.

Gdy muzycy przygotowywali się do występu, Kuba ukrył się za aksamitną zasłoną, jego serce biło mocno z ekscytacji. A gdy nadszedł właściwy moment, wyłonił się ze swojego kryjówki, ubrany w wspaniały kostium wykonany całkowicie z błyszczącego materiału i migoczących klejnotów.

Publiczność westchnęła z zachwytu, gdy Kuba tańczył i wirował po scenie, jego małe stópki poruszały się w rytm muzyki. Jego występ był pełen wdzięku i elegancji, a wkrótce cała sala klaskała i oklaskiwała jego talent.

Ale gdy Kuba zrobił ostatnią kurtę i przygotował się do wielkiego wyjścia, poczuł delikatne dłonie, które go podniosły ze sceny. To była sama królowa, jej oczy błyszczały z rozbawienia.

"No cóż, no cóż," śmiała się, trzymając Kubę w dłoniach. "Co mamy tutaj? Psotna mała myszka z talentem do występów."

Kuba zaczerwienił się ze wstydu, ale nie mógł oprzeć się poczuciu dumy słowami królowej. "P-p-przepraszam za kłopoty, Wasza Królewska Mość," piszczał, jego głos ledwie słyszalny ponad szmerem.

Królowa uśmiechnęła się ciepło i delikatnie pogłaskała Kubę po futrze. "Nie ma potrzeby przepraszać, droga myszko. Twój występ był naprawdę spektakularny. Właściwie, myślę, że zasłużyłeś sobie na miejsce w naszej królewskiej orkiestrze."

I tak, od tego dnia Kuba stał się ukochanym członkiem dworu królewskiego, bawiąc króla i królową swoimi olśniewającymi występami i przynosząc radość wszystkim, którzy go słyszeli grającego. I chociaż mógł być psotną myszką, w końcu znalazł swoje miejsce w świecie, otoczony muzyką, śmiechem i ciepłem przyjaźni.

The Mischievous Mouse of Warsaw

In the bustling city of Warsaw, where the streets hummed with the melodies of street musicians and the air was filled with the scent of freshly baked pierogi, there lived a mischievous little mouse named Kuba. Kuba wasn't like any other mouse in the city. While his mouse friends spent their days nibbling on crumbs and hiding from cats, Kuba dreamed of adventure and excitement.

One sunny morning, as the golden rays of the sun streamed through the windows, Kuba scampered out of his cozy hole in the wall and into the lively streets of Warsaw. His whiskers twitched with excitement as he darted through the bustling market squares and colorful alleyways, his tiny paws barely touching the ground.

As he explored, Kuba stumbled upon a grand palace nestled in the heart of the city. Its towering spires reached high into the sky, and its walls were adorned with intricate carvings and golden accents. Curious to see what lay inside, Kuba squeezed through a crack in the palace gates and into the courtyard beyond.

Inside the palace, Kuba found himself surrounded by opulence and grandeur. He tiptoed through ornate ballrooms and majestic halls, marveling at the sparkling chandeliers and plush velvet curtains. But as he ventured deeper into the palace, he heard the sound of voices coming from a nearby room.

Peeking through a crack in the door, Kuba saw a group of musicians rehearsing for a royal concert. The room was filled with the sweet strains of violins and the melodic notes of a grand piano. Mesmerized by the music, Kuba crept closer, his eyes shining with wonder.

But just as he was about to join in the performance, he heard a loud cough behind him. Startled, Kuba turned to see a stern-faced butler glaring down at him.

"Halt!" exclaimed the butler, his voice booming through the room. "What are you doing here, you cheeky little mouse?"

Kuba's heart raced as he tried to think of an excuse. "I-I was just admiring the music," he stammered, his whiskers twitching nervously.

The butler shook his head disapprovingly. "Well, you have no business being here. This is a royal palace, not a playground for mischievous mice like you. Now, scurry along before you cause any trouble."

With a disappointed sigh, Kuba reluctantly turned and scurried back into the streets of Warsaw. As he wandered through the city, his mind buzzed with thoughts of the grand palace and the beautiful music he had heard inside.

Determined to prove himself, Kuba decided to put his mischievous nature to good use. He spent the following days gathering scraps of paper and bits of fabric from the streets, using them to craft elaborate costumes and disguises.

Armed with his newfound creations, Kuba returned to the palace under the cover of night. With a mischievous grin, he slipped past the sleeping guards and into the grand ballroom where the concert would soon take place.

As the musicians prepared for their performance, Kuba hid behind a velvet curtain, his heart pounding with excitement. And when the moment was right, he leaped out from his hiding place, dressed in a magnificent costume made entirely of shimmering fabric and glittering jewels.

The audience gasped in astonishment as Kuba danced and twirled across the stage, his tiny feet moving in time with the music. His performance was filled with grace and elegance, and soon the entire room was cheering and applauding his talent.

But as Kuba took his final bow and prepared to make his grand exit, he felt a pair of gentle hands scoop him up from the stage. It was the queen herself, her eyes sparkling with amusement.

"Well, well, well," she chuckled, cradling Kuba in her hands. "What do we have here? A mischievous little mouse with a talent for performance." Kuba's cheeks flushed with embarrassment, but he couldn't help feeling a sense of pride at the queen's words. "I-I'm sorry for causing trouble, Your Majesty," he squeaked, his voice barely above a whisper.

The queen smiled warmly and gently stroked Kuba's fur. "No need to apologize, dear mouse. Your performance was truly spectacular. In fact, I think you've earned yourself a place in our royal orchestra."

And so, from that day on, Kuba became a beloved member of the royal court, entertaining the king and queen with his dazzling performances and bringing joy to all who heard him play. And though he may have been a mischievous mouse, he had finally found his place in the world, surrounded by music, laughter, and the warmth of friendship.

Tajemnicza Wyprawa Kasi i Szeptającego Lasu

W uroczej wiosce osadzonej na skraju Szeptającego Lasu w Polsce mieszkała młoda dziewczyna o imieniu Kasia. Kasia nie była jak inne dzieci w wiosce. Podczas gdy one bawiły się w chowanego i wdrapywały się na drzewa, Kasia tęskniła za przygodami i odkryciami. Często znajdowała się blisko krawędzi lasu, wsłuchując się uważnie w szepty wiekowych drzew.

Pewnego chłodnego jesiennego ranka, gdy liście zmieniały odcienie złota i bursztynu, Kasia poczuła pociąg w swoim sercu. Wiedziała, że Szeptający Las skrywa tajemnice czekające na odkrycie, i pragnęła wyruszyć w podróż, by je poznać.

Zbierając swoją odwagę i poczucie determinacji, Kasia wyruszyła w podróż. Spakowała małą torbę ze snackami, mapą i kompasem, i z radością w kroku wkroczyła do lasu.

Szeptający Las tętnił życiem magicznym. Promienie słońca przesączały się przez korony drzew, rzucając plamy na podłogę lasu. Ptaki śpiewały melodyjne pieśni, a powietrze było gęste od zapachu sosny i ziemi.

Gdy Kasia zapuszczała się coraz głębiej w las, natknęła się na szemrzący potok, który wijącym się szlakiem przecinał drzewa. Podążyła jego wijącą się ścieżką, skacząc z kamienia na kamień, aż dotarła do polany zdobionej muchomorami i dzikimi kwiatami.

To tam spotkała dziwaczną istotę—krasnoluda z długą, bujną brodą i złośliwym błyskiem w oku.

"Witaj, młoda podróżniczko," powiedział krasnolud, jego głos przypominał szelest liści na wietrze. "Co cię sprowadza do Szeptającego Lasu?"

"Poszukuję przygód i tajemnic lasu," odpowiedziała Kasia, jej oczy błyszczały z podekscytowania.

Krasnolud kiwnął zrozumiale głową. "Ah, więc przyszłaś we właściwe miejsce. Ale uważaj, bo Szeptający Las pełen jest tajemnic, i nie wszyscy, którzy wchodzą, wychodzą nietknięci."

Nie zrażona, Kasia podziękowała krasnoludowi za ostrzeżenie i kontynuowała swoją wyprawę. Podążała krętą ścieżką głębiej do lasu, jej zmysły czujne na każdy szelest i szept drzew.

W miarę jak podróżowała, natrafiła na serię dziwnych symboli wyrzeźbionych w korze pomarszczonego dębu. Zaintrygowana, starannie je badała, śledząc ich złożone wzory palcami.

Nagle symbole zaczęły świecić eterycznym światłem, a w pniu drzewa pojawiła się brama. Bez wahania Kasia przekroczyła portal i znalazła się w magicznym królestwie, takim jakiego nigdy dotąd nie widziała.

Powietrze brzęczało energią, a kolorowe motyle fruwały w powietrzu. Dziwne rośliny o luminescencyjnych płatkach występowały na krajobrazie, rzucając delikatny blask na otoczenie.

Ale najbardziej cudownym widokiem był migoczący basen pośrodku królestwa. Jego wody iskrzyły tysiącem barw, odzwierciedlając piękno lasu w swoich głębinach.

Pociągnięta przez jego zachęcające powab, Kasia zbliżyła się do basenu i zajrzała w jego głębię. Ku jej zdziwieniu, ujrzała wizje przeszłości, teraźniejszości i przyszłości tańczące na jego powierzchni—kalejdoskop obrazów i wspomnień.

Zagubiona w hipnotyzującym widowisku, Kasia ledwo zauważyła zbliżanie się majestatycznego jelenia. Jego rogi były wieńczone liśćmi i kwiatami, a jego oczy świeciły mądrością i wdziękiem.

"Witaj, młoda poszukiwaczko," powiedział jeleń, jego głos przypominał delikatny szelest liści na wietrze. "Przeszłaś daleko w serce Szeptającego Lasu. Czego szukasz?"

"Poszukuję wiedzy i mądrości," odpowiedziała Kasia, jej głos pełen był podziwu.

Jeleń kiwnął poważnie głową. "W takim razie musisz udowodnić swoją godność dla takich darów. Tylko ci, którzy mają czyste serce i niezłomny duch, mogą odkryć tajemnice lasu."

Z tymi słowami jeleń zniknął w drzewach, pozostawiając Kasię samą z jej myślami. Zdecydowana, by się wykazać, ruszyła na poszukiwanie wskazówek i ukrytych prawd.

Podczas gdy błądziła, napotkała serię wyzwań—zagadkę zadawaną przez mądrego starca sowy, labirynt strzeżony przez figlarne chochliki, i rzekę pełną zdradliwych prądów.

Ale z każdą przeszkodą, jaką napotkała, Kasia stawała się silniejsza i bardziej zdeterminowana. Rozwiązała zagadkę sowy z inteligencją i sprytem, przewyższyła chochliki życzliwością i empatią, oraz pokonała rzekę z odwagą i umiejętnością.

Wreszcie, po coś co wydawało się wiecznością prób i trudności, Kasia dotarła do serca królestwa—wspaniałego drzewa, których gałęzie sięgały ku niebu, a liście mieniły się nierealnym światłem.

W miarę jak zbliżała się do drzewa, poczuła spokój ogarniający jej serce, i wiedziała, że dotarła do końca swojej podróży. Z pewną ręką sięgnęła i dotknęła pnia drzewa, czując mrowienie na palcach.

Natychmiast drzewo zaczęło świecić blaskiem, a przez las rozbrzmiało głos—głos pełen mądrości i starożytnej wiedzy.

"Gratulacje, młoda poszukiwaczko," powiedział głos. "Udowodniłaś swoją godność tajemnic lasu. Weź tę wiedzę ze sobą, i niech prowadzi cię w twojej podróży przez życie."

Z uczuciem spełnienia wypełniającym jej serce, Kasia pożegnała zaklęte królestwo i przekroczyła portal z powrotem do Szeptającego Lasu.

Gdy wyszła z lasu, znalazła się z powrotem na polanie, gdzie zaczęła swoją podróż. Słońce zachodziło na horyzoncie, rzucając ciepłe światło na krajobraz.

Z uśmiechem na twarzy i nowo odkrytym poczuciem celu w sercu, Kasia wracała do domu, niecierpliwa, by podzielić się swoją niesamowitą przygodą z mieszkańcami wioski.

I chociaż Szeptający Las skrywał wiele tajemnic jeszcze do odkrycia, Kasia wiedziała, że zawsze będzie pielęgnować wspomnienia ze swojej magicznej podróży—podróży, która zmieniła ją na zawsze i wypełniła ją poczuciem zdumienia, które przetrwa przez całe życie.

The Curious Quest of Kasia and the Whispering Woods

In a quaint village nestled at the edge of the Whispering Woods in Poland, there lived a young girl named Kasia. Kasia was not like the other children in the village. While they played tag and climbed trees, Kasia yearned for adventure and discovery. She often found herself wandering near the edge of the forest, listening intently to the whispers of the ancient trees.

One crisp autumn morning, as the leaves turned shades of gold and amber, Kasia felt a pull in her heart. She knew that the Whispering Woods held secrets waiting to be uncovered, and she longed to embark on a quest to discover them.

Gathering her courage and a sense of determination, Kasia set out on her journey. She packed a small bag with some snacks, a map, and a compass, and with a skip in her step, she entered the forest.

The Whispering Woods were alive with magic. Shafts of sunlight filtered through the canopy, casting dappled patterns on the forest floor. Birds sang melodious tunes, and the air was thick with the scent of pine and earth.

As Kasia ventured deeper into the woods, she came across a babbling brook that wound its way through the trees. She followed its meandering path, hopping from stone to stone, until she reached a clearing adorned with toadstools and wildflowers.

It was there that she encountered a peculiar creature—a gnome with a long, flowing beard and a mischievous twinkle in his eye.

"Greetings, young traveler," said the gnome, his voice like the rustling of leaves in the wind. "What brings you to the Whispering Woods?"

"I seek adventure and the secrets of the forest," replied Kasia, her eyes shining with excitement.

The gnome nodded knowingly. "Ah, then you have come to the right place. But beware, for the Whispering Woods are full of mysteries, and not all who enter emerge unscathed."

Undeterred, Kasia thanked the gnome for his warning and continued on her quest. She followed the winding path deeper into the forest, her senses alert to every rustle and whisper in the trees.

As she journeyed on, she came across a series of strange symbols etched into the bark of a gnarled oak tree. Intrigued, she studied them carefully, tracing their intricate patterns with her fingers.

Suddenly, the symbols began to glow with an ethereal light, and a doorway appeared in the trunk of the tree. Without hesitation, Kasia stepped through the portal and found herself in a magical realm unlike anything she had ever seen.

The air hummed with energy, and colorful butterflies flitted through the air. Strange plants with luminescent petals dotted the landscape, casting a soft glow over the surroundings.

But the most wondrous sight of all was a shimmering pool at the center of the realm. Its waters sparkled with a thousand hues, reflecting the beauty of the forest in its depths.

Drawn by its enchanting allure, Kasia approached the pool and peered into its depths. To her amazement, she saw visions of the past, present, and future dancing upon its surface—a kaleidoscope of images and memories.

Lost in the mesmerizing display, Kasia barely noticed the approach of a majestic stag. Its antlers were crowned with leaves and flowers, and its eyes glowed with wisdom and grace.

"Greetings, young seeker," said the stag, its voice like the gentle rustling of leaves in the wind. "You have ventured far into the heart of the Whispering Woods. What is it that you seek?"

"I seek knowledge and wisdom," replied Kasia, her voice filled with awe.

The stag nodded solemnly. "Then you must prove yourself worthy of such gifts. Only those with a pure heart and a steadfast spirit can unlock the secrets of the forest."

With that, the stag vanished into the trees, leaving Kasia alone with her thoughts. Determined to prove herself, she set out to explore the realm, searching for clues and hidden truths.

As she wandered, she encountered a series of challenges—a riddle posed by a wise old owl, a maze guarded by mischievous sprites, and a river teeming with treacherous currents.

But with each obstacle she faced, Kasia grew stronger and more determined. She solved the owl's riddle with wit and cunning, outsmarted the sprites with kindness and empathy, and navigated the river with courage and skill.

Finally, after what seemed like an eternity of trials and tribulations, Kasia reached the heart of the realm—a magnificent tree with branches that reached for the sky, its leaves shimmering with an otherworldly light.

As she approached the tree, she felt a sense of peace wash over her, and she knew that she had reached the end of her quest. With a steady hand, she reached out and touched the trunk of the tree, her fingertips tingling with energy.

Instantly, the tree began to glow with a brilliant light, and a voice echoed through the forest—a voice filled with wisdom and ancient knowledge.

"Congratulations, young seeker," said the voice. "You have proven yourself worthy of the forest's secrets. Take this knowledge with you, and may it guide you on your journey through life."

With a sense of fulfillment filling her heart, Kasia bid farewell to the enchanted realm and stepped back through the portal into the Whispering Woods.

As she emerged from the forest, she found herself back in the clearing where her journey had begun. The sun was setting on the horizon, casting a warm glow over the landscape.

With a smile on her face and a newfound sense of purpose in her heart, Kasia set off for home, eager to share her incredible adventure with the villagers.

And though the Whispering Woods held many mysteries yet to be uncovered, Kasia knew that she would always cherish the memories of her magical journey—a journey that had changed her forever and filled her with a sense of wonder that would last a lifetime.

Ciekawy Kot z Krakowa

Pewnego razu, w sercu Krakowa, mieszkał ciekawy kot o imieniu Marcin. Marcin nie był jak żaden inny kot w okolicy. Podczas gdy jego rodzeństwo spędzało dni leniwie leżąc na słońcu lub goniąc myszy, Marcin wolał eksplorować kręte uliczki i ukryte zakamarki miasta.

Jasnego ranka, gdy słońce malowało niebo różowopomarańczowymi barwami, Marcin wyruszył na swoją codzienną przygodę. Przebiegał przez brukowane uliczki, trzymając ogon wysoko z podekscytowaniem. Po drodze spotkał przyjacielskiego wróbla o imieniu Zosia.

"Dzień dobry, Marcinku!" ćwierkała Zosia, opadając z pobliskiego dachu. "Dokąd dzisiaj zmierzasz?"

"Jestem w drodze, aby odkryć coś nowego i ekscytującego," odpowiedział Marcin z błyskiem w oczach.

Zosia skinęła zrozumiale. "No cóż, trafiłeś w odpowiednie miejsce! Kraków pełen jest cudów, które czekają na odkrycie."

Razem Marcin i Zosia zwiedzali miasto, przemykając przez wąskie zaułki i ruchliwe place targowe. Słuchali radosnych melodii ulicznych muzyków i podziwiali kolorowe kwiaty zdobiące parapety.

Wędrując, natknęli się na majestatyczny zamek górujący na wzgórzu. Jego wieże sięgały wysoko w niebo, a ściany ozdobione były misternymi rzeźbami i kolorowymi flagami.

"Och!" westchnął Marcin, szeroko otwierając oczy ze zdumienia. "Nigdy nie widziałem czegoś takiego!"

Zosia skinęła głową z zgodą. "To Zamek Królewski na Wawelu, Marcinku. Jest dumą Krakowa i skrywa wiele tajemnic w swych murach."

Zdecydowani odkryć tajemnice zamku, Marcin i Zosia podjęli kroki w kierunku potężnych bram. Jednak zanim mogli wejść, zatrzymał ich surowo wyglądający strażnik.

"Stój!" zawołał strażnik, podnosząc swój włócznią. "Tylko ci, którzy mają zgodę króla, mogą wejść do Zamku na Wawelu."

Nie zrażony, Marcin wyprostował klatę i spojrzał na strażnika swoim najbardziej uroczy uśmiechem. "Proszę, panie," powiedział grzecznie. "Jesteśmy tylko ciekawymi podróżnikami, którzy chcą odkryć cuda zamku."

Surowe wyrażenie twarzy strażnika złagodniało, i zaśmiał się. "No cóż, na pewno macie ducha przygody, młody kotku. Dobrze, udzielę wam przepustki, ale pamiętajcie, aby zachować szacunek wewnątrz."

Z wdzięcznym skinieniem głowy Marcin i Zosia przeszli przez bramy i na dziedziniec po drugiej stronie. Patrzyli z zachwytem na wielkość zamku, podziwiając jego potężne mury i elegancką architekturę.

Wewnątrz, odkryli pomieszczenia wypełnione skarbami i obrazami przedstawiającymi bogatą historię Polski. Eksplorowali kręte schody i ukryte przejścia, ich serca biły ekscytacją na każdym kroku.

Jednak gdy zapuszczali się coraz głębiej do zamku, natknęli się na drzwi, które mieniły się nadnaturalnym blaskiem. Zaintrygowany, Marcin je otworzył, i znaleźli się w magicznym ogrodzie, jakiego jeszcze nigdy nie widzieli.

Ogród tętnił życiem w kolorowych barwach i słodkich zapachach. Kwiaty kwitły w każdym odcieniu tęczy, a egzotyczne ptaki fruwały w powietrzu, ich pióra mieniły się w słońcu.

Ale w centrum ogrodu stała najbardziej wspaniała atrakcja ze wszystkich: potężne drzewo, którego gałęzie sięgały ku niebu, jego liście mieniły się jak szmaragdy w świetle słonecznym.

Marcin i Zosia zbliżyli się do drzewa z podziwem, ich oczy szeroko otwarte ze zdumienia. Gdy sięgnęli, by dotknąć jego mieniących się liści, usłyszeli delikatny głos z góry.

"Witajcie, podróżnicy," powiedział głos, delikatny i melodyjny. "Jestem duchem drzewa, strażnikiem tego zaklętego ogrodu."

Marcin i Zosia spojrzeli w górę ze zdumieniem, ich serca wypełnione zachwytem. "Kim jesteś?" zapytał Marcin, jego głos ledwie dobiegając szeptu.

"Znam mnie wiele imion," odpowiedział duch. "Ale możecie mnie nazywać Jadwigą. Pilnuję tego ogrodu od wieków, chroniąc jego magię przed tymi, którzy chcieliby ją wykorzystać."

Marcin i Zosia słuchali uważnie, gdy Jadwiga opowiadała im historię ogrodu i jego znaczenie dla królestwa Polski. Dowiedzieli się o dzielnych rycerzach i szlachetnych królach, którzy szukali jego mądrości w czasach potrzeby, oraz o więzi między naturą a magią, która go podtrzymywała.

Poruszeni opowieścią Jadwigi, Marcin i Zosia złożyli przysięgę, że będą chronić ogród i jego tajemnice przez kolejne pokolenia. I gdy pożegnali zaklęty ogród i wrócili na ruchliwe ulice Krakowa, wiedzieli, że ich przygoda dopiero się zaczęła.

Od tego dnia Marcin i Zosia kontynuowali zwiedzanie cudów swojego ukochanego miasta, dzieląc się opowieściami o swoich przygodach z tymi, którzy chcieli słuchać. I chociaż mogli być tylko ciekawym kotem i przyjaznym wróblem, udowodnili, że nawet najmniejsze stworzenia mogą zmienić świat.

Więc drogi czytelniku, następnym razem gdy znajdziesz się na ulicach Krakowa, miej oko na ciekawego kota o imieniu Marcin i jego wierną przyjaciółkę Zosię. Bo kto wie, jakie cuda czekają na tych, którzy odważą się eksplorować z otwartym sercem i ciekawym umysłem?

The Curious Cat of Krakow

Once upon a time, in the heart of Krakow, there lived a curious cat named Marcin. Marcin wasn't like any other cat in the neighborhood. While his siblings spent their days lounging in the sun or chasing mice, Marcin preferred exploring the winding streets and hidden corners of the city.

One bright morning, as the sun painted the sky with shades of pink and orange, Marcin set out on his daily adventure. He scampered through the cobblestone streets, his tail held high with excitement. Along the way, he met a friendly sparrow named Zosia.

"Good morning, Marcin!" chirped Zosia, fluttering down from a nearby rooftop. "Where are you off to today?"

"I'm on a quest to discover something new and exciting," replied Marcin with a gleam in his eyes.

Zosia nodded knowingly. "Well, you've come to the right place! Krakow is full of wonders waiting to be found."

Together, Marcin and Zosia explored the city, darting through narrow alleyways and bustling market squares. They listened to the cheerful melodies of street musicians and admired the colorful flowers that adorned the windowsills.

As they wandered, they stumbled upon a majestic castle perched atop a hill. Its towers reached high into the sky, and its walls were adorned with intricate carvings and colorful flags.

"Wow!" gasped Marcin, his eyes wide with wonder. "I've never seen anything like it!"

Zosia nodded in agreement. "That's Wawel Castle, Marcin. It's the pride of Krakow and holds many secrets within its walls."

Determined to uncover the castle's mysteries, Marcin and Zosia approached the towering gates. But before they could enter, they were stopped by a stern-looking guard.

"Halt!" barked the guard, raising his spear. "Only those with the king's permission may enter Wawel Castle."

Undeterred, Marcin puffed out his chest and looked up at the guard with his most charming smile. "Please, sir," he said in his most polite voice. "We're just curious travelers hoping to explore the wonders of the castle."

The guard's stern expression softened, and he chuckled. "Well, you certainly have the spirit of adventure, young cat. Very well, I'll grant you passage, but remember to be respectful inside."

With a grateful nod, Marcin and Zosia passed through the gates and into the courtyard beyond. They gazed in awe at the grandeur of the castle, marveling at its towering walls and elegant architecture.

Inside, they discovered rooms filled with treasures and paintings depicting the rich history of Poland. They explored winding staircases and hidden passageways, their hearts pounding with excitement at every turn.

But as they ventured deeper into the castle, they stumbled upon a door that seemed to shimmer with an otherworldly glow. Intrigued, Marcin pushed it open, and they found themselves in a magical garden unlike any they had ever seen.

The garden was alive with vibrant colors and sweet fragrances. Flowers bloomed in every hue of the rainbow, and exotic birds flitted through the air, their feathers shimmering in the sunlight.

But at the center of the garden stood the most magnificent sight of all: a towering tree with branches that reached for the sky, its leaves sparkling like emeralds in the sunlight.

Marcin and Zosia approached the tree with wonder, their eyes wide with amazement. As they reached out to touch its shimmering leaves, they heard a soft voice from above.

"Welcome, travelers," said the voice, gentle and melodious. "I am the spirit of the tree, guardian of this enchanted garden."

Marcin and Zosia looked up in astonishment, their hearts filled with awe. "Who are you?" asked Marcin, his voice barely above a whisper.

"I am known by many names," replied the spirit. "But you may call me Jadwiga. I have watched over this garden for centuries, protecting its magic from those who would seek to exploit it."

Marcin and Zosia listened intently as Jadwiga told them the story of the garden and its importance to the kingdom of Poland. They learned of brave knights and noble kings who had sought its wisdom in times of need, and of the bond between nature and magic that sustained it.

Moved by Jadwiga's tale, Marcin and Zosia vowed to protect the garden and its secrets for generations to come. And as they bid farewell to the enchanted garden and returned to the bustling streets of Krakow, they knew that their adventure had only just begun.

From that day on, Marcin and Zosia continued to explore the wonders of their beloved city, sharing tales of their adventures with all who would listen. And though they may have been just a curious cat and a friendly sparrow, together they proved that even the smallest creatures can make a difference in the world.

And so, dear reader, the next time you find yourself wandering the streets of Krakow, keep an eye out for a curious cat named Marcin and his faithful friend Zosia. For who knows what wonders await those who dare to explore with an open heart and a curious mind?